SALIFO SANA

La boussole de l'Homme ambitieux

SALIFO SANA

La boussole de l'Homme ambitieux

Éditions Vie

Imprint

Cover image: www.ingimage.com

Publisher:
Éditions Vie
is a trademark of
Dodo Books Indian Ocean Ltd. and OmniScriptum S.R.L publishing group

120 High Road, East Finchley, London, N2 9ED, United Kingdom
Str. Armeneasca 28/1, office 1, Chisinau MD-2012, Republic of Moldova, Europe
Printed at: see last page
ISBN: 978-613-9-59407-8

La boussole de l'Homme ambitieux : les interactions sociales

La voie vers la création d'un accomplissement humain accompli

Avant-propos

Prenant soudainement conscience que les interactions humaines sont les mécanismes de base qui alimentent notre vie de société,je me suis demandé de savoir pourquoi beaucoup d'entre nous les sous-estiment et n'agissent que bon leur semble.C'est ainsi que je me suis dis qu'il serait bien plus utile de prôner une philosophie qui pourrait nous aider tous à bien penser plus profondément sur cette question afin que chacun puisse mener une vie qui ne remettrait pas en question la sociabilité de la personne humaine.Et d'ailleurs,je suppose que vous êtes d'accord avec moi que sans les interactions humaines toute tentative de progrès social ne serait vouée qu'à l'échec, si l'on part du principe que les interactions humaines est la clef qui puissent nous guider le mieux.

Très souvent les hommes ont vraiment tendance à escamoter ces différents mécanismes en estimant pouvoir vivre dans la paix, le progrès, et dans l'abondance, or tout cela n'est certainement pas possible sans ces interactions. Personne ne peut vivre une vie vraiment accomplie en étant à vase clos. Dans une certaine mesure, de même, personne ne peut vivre une vie de grandeur en n'étant pas lui-même, dans tout processus d'interactions sociales.

Ainsi ce livret s'inscrit dans ce cadre particulièrement ambivalent.

Sommaire

Introduction

Les interactions humaines, bien que complexes, sont les fondamentales clés qui nourrissent nos différentes conditions de vie et reussites sociales. De la relation interpersonnelle à la communication, prise sous toute leur forme, nous ne pouvons certainement pas en douter la fondamentale place qu'occupent les interactions que nous entretenons les uns envers les autres. C'est pourquoi il est foncièrement important que tout un chacun de nous prenne juste conscience que ce serait un gâchis si nous ne prenons pas la peine de nous investir sur ces mécanismes de base.

Avoir donc un aperçu consciencieux et prévisible sur ce à quoi nous devons faire pour développer et nourrir constamment nos différentes interactions, semble être plus prometteur que le reste.

Chapitre 1 : Les relations interpersonnelles

~~La grandeur d'un métier est avant tout d'unir les hommes ; il n'est qu'un luxe véritable et c'est celui des relations humaines. ~~ Antoine De Saint-Exupéry

Nul ne doute qu'une vie construite sur la base des relations saines et loyales aboutit à des résultats fertiles. De fait, nous avons très souvent, pour l'heure, minimisé l'importance des relations que nous entretenons avec nos proches et autres personnes que nous rencontrons fortuitement, alors qu'une fois qu'elles sont bâties sur des justes valeurs et principes, elles nous rendent plus humains et utiles à la communauté humaine.

Toutefois, avant de pousser notre réflexion,définissons de façon suscinte ce qu'on appelle "Union humaine".En quoi est-ce- que celle-ci peut être conçue dans une certaine mesure comme un actif clef pour le voyage que nous comptons effectuer,celui de la réalisation de nos objectifs de vie? Pensez-y bien plus consciemment.Le dictionnaire Larousse définit"l'union" de la manière suivante :

Définition numéro1:relation existante entre deux ou plusieurs personnes qui forment un ensemble.

Définition numéro2:mariage,lien conjugal

Définition numéro3:Conformité de sentiments,de pensées,de comportements entre des personnes ou des groupes.

Définition numéro 4: Groupement de personnes ou de collectivités associées pour une action, défendre une même cause.

Personnellement,je définis "l'union humaine"comme un ensemble d'individus agissant de façon, peu ou prou ,conscencieux avec des perceptions différentes de la vie,mais qui,en dépit de ces différences ,s'engagent de concert à se dévouer à des justes causes.

L'union entre les hommes lorsqu'ils s'engagent ensemble pour la concrétisation d'une ambition déterminée prend une certaine forme et importance.De fait,lorsque vous prenez une sérieuse conscience du sens de la vie et de quoi vous êtes à mesure d'accomplir avec les autres,vous commencerez dès maintenant à trouver de quoi faire pour assainir toutes les relations que vous entretenez avec les autres.Mieux ,si vous estimez avec force qu'il vous faut une authentique union dans votre voyage vers le plan d'accomplissement quelque soit la taille de votre projet de vie,il vous serait bien plus utile de vous souvenir de ce propos sage de Nelson Mandela"Auncun de nous,en agissant seul ne peut atteindre le succès."Non que vraiment vous ne pouvez pas accomplir quelque chose seul mais que connaître un succès spectaculaire et servir la communauté humaine,vous est significativement limité.Bien évidemment,si vous prenez un recul bien soigné,vous apercevrez sans peine que toutes les différentes couches sociétales de la personne humaine tournent autour des relations. Il n'existe aucune sphère sociale qui n'est pas régie par les principes des relations humaines. Il est donc ridicule de penser pouvoir être au bout de ses projets de vie,de vivre une vie pleine d'abondance et d'épanouissement en se démarquant complètement de vos rapports avec le reste de la société.

S'il y a une chose que j'aimerais souligner ici, c'est que vous payerez le prix si toutefois vos rapports avec les autres tournent autour de la supercherie et duperie bien que vous soyez dévoué à la recherche de l'excellence. S'unir donc avec des gens qui aspirent la grandeur, qui visent vraiment une expérience proprement humaine bien meilleure, une expérience qui tourne le dos à la trivialité et mesquinerie est le meilleur des choix que vous puissiez faire pour créer une vie de grandeur. De fait, lorsque vous êtes au point de ce que vous représentez, que vous êtes vraiment déterminé à prendre l'initiative de conjuguer des relations saines et honnêtes avec des gens qui déjà font le voyage que vous comptez entamer, vous n'aurez aucunement d'autres perspectives que de vous y donner à fond.

Les relations humaines "est un luxe véritable ".À mon sens, dans notre actuel contexte, elles seraient bien plus qu'un luxe si seulement les personnes qui s'y engagent, nous autres prennent implacablement conscience que pour pouvoir vraiment perpétuer la grandeur de la personne humaine, il en faut impérativement des relations saines et transparentes. Il est donc tout au plus insensé, dans le processus de la poursuite de vos buts de vie et rêves, de croire que même sans des relations de base vous serez au bout de vos ambitions sans faille. Mais, non plus, ne soyez pas obstiné à l'idée que sans les autres vous ne serez pas à mesure de réaliser ce à quoi vous vous tenez le plus, car tout dépend en grande partie de vous.Votre engagement dans une telle perspective déterminera donc le niveau de succès que vous serez à mesure d'atteindre.Cependant , Souvenez-vous toujours que vous devez respecter l'intégrité des autres dans ce cas de figure.

De toute manière,si vous avez des objectifs à atteindre,des rêves à réaliser,et que vous estimez qu'il vous est absolument nécessaire de créer des relations loyales avec le reste de votre communauté,bien mieux,avec les gens avec qui vous placez toutes votre confiance,je vous suggérerais de vous investir soigneusement en vous-mêmes d'abord.Car bien que , comme je l'ai déjà dit plus haut, avoir des relations avec les autres dans votre course vers le plan d'accomplissement soit utile,n'empêche que vous puissiez être confrontés à des difficultés intestines avec la majeure partie de ces gens,si nous partons du principe qu'il n'y a rien qui soit plus complexe que celui des relations humaines.

Je sais que certains d'entre nous connaissent quelques succès considérables,ont réussi vraiment leur vie sans passer par une telle initiative mais si vous accordez une lecture froide à ces types de gens à succès,les parvenus sont plus nombreux que le reste,car nous sommes tous presqu'aujourd'hui ,nous autres générations, fascinés par l'idée de réussir,de faire de l'argent que nous réleguons les relations humaines à la seconde place.Toujours est-il que cela peut-être compréhensible dans une certaine mesure sinon qu'il est particulièrement si mauvais d'accorder une place de choix à l'individualité dans votre course vers le plan d'accomplissement dans une certaine mesure.

Bien entendu,notre envie de réussir, d'être au bout du sommet ne doit pas nous rendre si inhumaine associal mais doit nous guider et nous pousser vers une expérience proprement humaine surtout si nous avions pris le choix d'être la meilleure version de nous-mêmes et de réellement participer à cette aventure qu'est la vie,être utile aures et au-delà de la société.Et D'ailleurs ce qui est le plus important,c'est de savoir comment allez-vous vous conduire pour ne pas vous sacrifier pour des relations qui ne valent certainement pas la peine?"Pas trop d'isolement;pas trop de

relations;le juste milieu,voilà la sagesse."Conficus.

Une telle sagesse semble être le socle clef pour toute personne qui formellement s'est engagé à donner libre cours à son existence et être un support pour l'humanité sociétale.Ali Ibn Abi Talib disait que"le détachement n'est pas de ne rien posséder mais de n'être possédé pa rrien".Jay Shetty podcasteur et entrepreneur américain s'inspirant de cette réflexion de Ali Ibn Abi Talib ,cousin du prophète Mohamed nous explique qu'"habituellement,les gens voient le détachement comme être loin de tout.Mais en fait, dit-il,le meilleur détachement est d'être prêt de tout,et ne pas laisser ces choses commencer à vous posséder."

Ainsi lorsque vous décidez d'inclure cette philosophie de vie dans vos différentes relations avec le reste de la société,que vous êtes réellement conscients de ce que représente une telle perspective vous serez à mesure d'être vous-mêmes dans toutes ces relations sociales.Je pense donc ,de ce fait, qu'il n'y a une autre meilleure façon qui soit pour celui qui veut réellement accomplir des grandes choses dans sa vie et servir bien mieux la société que d'épouser un tel crédo.Ce n'est pas que vous n'êtes pas en relation avec les autres mais que vous ne vous laissez certainement pas distraire par toutes sortes de relations qui sont susceptibles de vous dérouter de votre chemin.

Mais si vous accordez de l'estime à votre relation avec les autres,ou bien mieux si vous croyez que pour être au sommet,être au bout de votre voyage,se détacher de la masse,vous serez un obstacle quelconque,je vous encourage donc de bien vouloir d'y réfléchir avant de prendre l'engagement;Seulement que votre chance est amoindrie considérablement si vous ne prenez pas la peine au cours de votre trajet ,de vous investir sur des relations basées sur des principes justes et louables.

Si donc vous partez de l'idée qu'il vous est bien plus utile d'être en relation avec vos semblables en ayant un esprit ouvert,que vous vous décidez de mener votre relation avec détachement,il est fort probable que vous ne sortiez pas bredouille de telles relations.

Vous devez être vous-mêmes dansl vos différentes relations que vous vous engagez.Et quand vous êtes vraiment

vous-mêmes,vous saurez où vous vous rendez précisément avec toutes ces relations que vous entretenez;pas plusque moins ,vous serez sciemment à mesure de déterminer si votre"vous"avec les autres vous permet de réussir votre voyage ou pas.La clef c'est "vous",pas les autres.Pourquoi vous?Parce que très souvent la plupart d'entre nous lorsqu'ils entretiennent des relations,et que tout tourne mal,ils ont tendance à blâmer les autres,à les culpabiliser , refusant ainsi d'assumer en conséquence leur responsabilité.Ainsi si vous êtes une de ces personnes qui réagissent ainsi,vous ne récolterez de vos relations toujours que des résultats médiocres.

Trop de gens,dans leurs relations,observent une certaine facilité pour en prenant du recul pour le meilleur d'eux-mêmes.Ils pensent qu'être en relation avec les autres leur suffit seulement de se faire une carrière spectaculaire or ils oublient que tant que les relations conjuguées d'émanent pas de justes valeurs,ce ne seraitqu'une peine perdue.Si vous avez donc un grand rêve,si vous voulez réaliser un quelconque voyage exceptionnel dans votre vie,il va falloir que vous incluiez dans votre vie professionnelle ou privée des relations qui scrupuleusement accordent une importance indécrottable aux valeurs que vous partagez au plus profond de vous-même.Et si vous n'avez pas aucune valeur fondamentale que vous serez prêt à défendre dans vos relations avec les autres,que vous êtes suiviste et manipulable,vous ne serez jamais celui que la société aura besoin vraiment,ou mieux le genre de personne que vous êtes censé devenir ou être.Mais lorsque vous êtes entièrement impliqués dans vos relations,que vous n'essayez pas de jouer un double jeu avec ceux avec qui vous comptez faire le grand voyage de la vie , seulement là , j'estime,vous sortirez victorieux."Lorsque vous êtes à mesure de maintenir vos normes d'intégrité les plus élevées,indépendamment de ce que les autres peuvent faire,vous êtes destinés à la grandeur."NappoléonHill.Si donc votre but est de devenir le type de personne que vous voulez être et de réaliser vos ambitions ,vous feriez de votre mieux pour créer des relations qui ne vous dérouteriez pas de vos valeurs.Tenez-vous bien qu'il est tout au plus inconséquent et vain de vouloir se conduire avec aveuglette dans quelles que relations que ce soit.

Permettez-moi de revenir sur cette réflexion de SAINTEXUPÉRY afin de pousser notre réflexion :"Il n'est qu'un luxe véritable et c'est celui des relations humaines".Cela dit,je pense,la complexité de ce luxe est si énorme que vous vous perdrez si vous n'operez aucune initiative pour parvenir à être l'architecte de vos propres choix dans vos interactions interpersonnelles.Toutes les personnes, avouons-le,qui ont atteint ou qui connaissent un accomplissement énorme savent cette perspective est tellement essentielle.Elles ont pour ainsi dire entrepris ou entreprennent des actions et des idéaux qui,sans,l'ombre de doute,les poussent à incarner l'idée d'atteindre l'excellence.Leurs interactions avec les autres ,non seulement leur accordent une certaine assurance de vivre pleinement des expériences proprement humaine.

~~Nous comprenons que nos meilleures opportunités sont désormais internationales.Nous pouvons être la génération qui éradique la pauvreté,les maladies.Nous comprenons que nos plus grands défis ont aussi besoin de réponses internationales.Auncun pays ne peut combattre le changement climatique seul ou empêcher les pandémies.Le progrès requiert désormais de s'unir,pas seulement en tant que communauté,mais en tant que communauté mondiale." Mark Zuckerberg

De fait en partant de ce principe de la création d'avenir basé sur les relations humaines nous retenons donc à juste titre que les entrepreneurs qui,aujourd'hui,contribuent à l'émergence de nos différentes sociétés ont quelque part démarré leurs entreprises en situation de collaboration avec les autres.Mieux,si je peux mebpermettre de dire ainsi,ils ont entrepris l'initiative de s'engager avec les gens qui comme eux aspirent le changement.Car,selon eux,il est rarement possible d'opérer un changement au sein de la communication humaine si l'on entreprend à vase clos. C'est l'exemple Mark Zuckerberg qui en 2004 en collaboration avec ses camarades universitaires (Chris Hghes,Eduardo Saverin, Andrew Mccollum et Dustin Mosrovitz)a créé FACEBOOK qui ,certes ,aujourd'hui ,a changé fondamentalement la vie de la communauté humaine .Jack Ma,en1999 et 17 autres associés dans un département de Hangzhou ont donné naissance à cette gigantesque société ALIBABA;Steve Jobs avec Steve Wozniak et Ronald Wayne ont donné naissance APPLE le 1er Avril 1976 dans le garage de la maison de Steve Jobs à Los Altos;Bill Gates qui en 1975 avec Paul Allen a joué un rôle basique dans la création de Microsoft.

On peut ainsi remarquer que presque toutes les grandes entreprises et sociétés qui connaissent plus de succès dans cet univers de la communauté humaine sont parties des relations et d'union.Presque toutes les entreprises qui ,aujourd'hui, connaissent un succès phénoménal sont parties des relations interpersonnelles.Elon Musk lors d'une interview a déclaré que"si vous voulez créer une entreprise,la chose la plus importante est de vous entourer de personnes formidables." Si donc vous voulez le plus d'impact possible,vous devez vous faire des amis,créer des relations mais gardez toujours à l'esprit que "vous devez vous entourer des personnes formidables"comme l'a si bien dit ELONMUSK,sinon votre tentative de création d'avenir serait voué à l'échec.

Allons plus loin.Vos relations ,bien entendu,avec les autres,comme je l'ai déjà souligné plus haut,ne doivent certainement pas être un obstacle pour votre course vers le plan d'accomplissement.Encore moins,elle ne doivent pas certes vous affecter au point de faire de vous une victime sans perspective ni issue.Si donc vos relations vous obstruent de poursuivre vos objectifs et ambitions de vie,vous empêchent de penser et d'agir librement,il vous serait plusque nécessaire de les sacrifier afin d'être au bout de vos buts de vie.A quoi sert de s'investir sur une relation qui ne fait pas de vous une meilleure personne,mieux ne fait pas sortir la grandeur qui sommeille en vous? Soyez donc très prudent dans vos différents rapports avec les autres,puisseque la négativité est très souvent louee que le reste."Les experts en comportement humain ont découvert qu'il est pratiquement impossible pour un membre d'un groupe de ne pas être affecté par d'autres membres.De même,le groupe lui-même n'est aussi fort que son maillon le plus faible.Il est rarement possible pour tout le groupe de s'élever à des niveaux de réussite supérieures à ceux dont le membre le plus faible est capable.Seules les personnes qui se séparent du groupe peuvent dépasser le potentiel du groupe dans son ensemble.Ne vous associez pas à ceux qui sont atteints de la maladie mentale de la pensée négative constante."Nappoléon Hill

Il est donc clair que vouloir à tout prix créer des relations avec des gens qui constamment se nourrissent de la négativité,ne vous amènera nulle part.Associez-vous donc à des gens positifs,des gens qui partagent des fortes valeurs,à des gens ambitieux et qui sont animés par un inarrêtable désirde grandir.Lorsque donc vous avez pris l'initiative d'être un des meilleurs êtres humains qui puissent contribuer au progrès de la communauté humaine dans vos rapports avec les autres,faites de votre mieux pour vous protéger contre toutes les relations qui puissent vous handicaper d'y arriver au bout.Engagez-vous plutôt dans des relations qui font sortir le meilleur en vous,qui nourrissent votre être et vous font vibrer constamment.Car personne ne peut contribuer et jouer un rôle prometteur en étant dans des relations toxiques et fermées.william Shakespeare disait que,je cite,:"Être ou ne pas être,c'est là la question " .Vous devez,de ce fait, être à mesure de savoir quand vous devez vous détacher d'une relation qui ne va pas dans votre sens,qui ne vous maintient qu'en bas de l'échelle de la vie et qui ne vous garantit certes pas un avenir meilleur.De fait beaucoup d'entre nous sont confus et perdus dans beaucoup de relations auxquelles ils sont accrochées .Ils placent aveuglément toute leur confiance sur ces relations,et espèrent bien que tout se passe bien à leur faveur,et finalement ils finissent avec beaucoup de regrets.En s'inspirant donc de la philosophie de William Shakespeare,je dirais que vous devez à tout temps vérifier minutieusement l'authenticité des différentes relations dans lesquelles vous vous engagiez afin de ne pas faire de vous une victime facile pour les autres.Et la clef est de savoir quand-est-ce faut-il s'engager pleinement sur une relation et quand-est-ce,il faut s'en méfier.

Au reste,"Notre succès,peu importe le domaine, commence par notre succès dans nos relations.Notre degré de succès relationnel détermine notre succès dans tous les domaines : spirituel, émotionnel, professionnel, social,matériel et même financier".Dès fois dans la poursuite de

vos différents projets et ambitions de vie vous aurez besoin le coup de mains de quelqu'un d'autre.Tous les authentiques héros qu'a connu le monde sont passés par là.vous ne pouvez pas changer le monde seul,vous aurez besoin d'aide.Et pour réellement arriver de votre point de départ à votre destination ,vous aurez besoin de vos amis,collègues et la bonne

volonté d'étrangers et un bon barreur pour vous guider,pour paraphraser l'amiral William.En février 1990,à sa sortie de prison,Nelson Mandela,pour exprimer sa reconnaissance déclara:"Je suis ici devant vous non pas commeun prophète mais comme votre humble serviteur.C'est
grâce à vos sacrifices et votre héroïsme que je suis ici aujourd'hui.Je mets donc les dernières années de ma vie entre vos mains."

Chapitre 2 : La communication est la clef élémentaire de toutes les relations humaines

~~La base de toutes les relations saines est une communication claire et honnête.~~Jay Shetty

Toute relation que vous menez est susceptible de vouer à l'échec si toutefois, elle n'est certainement pas axée sur une communication transparente.La communication n'est pas seulement en effet un moyen par lequel on peut se faire comprendre,transcendre nos différents mais

mieux,elle est l'ultime chemin par lequel nous pouvons vraiment s'en servir pour manifester une meilleure interaction entre les uns les autres.Et si nous sommes réellement conscient qu'elle peut nous ouvrir vraiment les portes de l'expérience humaine,et que si nous prenons l'entière responsabilité de l'ajuster où que nous soyons,je crois que dans un tel cas,sciemment nous saurons comment déployer sagement cette autre faculté pour faire avancer les choses.

Nous devons comprendre qu'avoir une attitude et posture bienveillante sont entre autres les clefs qui rendent plus opérationnelles notre faculté à bien communiquer avec les autres,et le reste du monde.Vous ne pouvez pas vous nourrir des attitudes et postures malsaines,toxiques,et vouloir dans le même temps faire passer votre message efficacement aux autres.Pour être clair,on ne peut vraiment pas être un meilleur communicateur si nous ne prenons pas des mesures consciencieuses pour le devenir vraiment.

Toutefois,avant de pousser notre réflexion plus loin ,prenons ensemble juste le temps de voir comment la communication est définie et perçue par les experts.

Pour Philip Kotler,Kevin Keller,Delphine Menceau et Bernard Dubois,la communication se définit en un sens comme étant la"voix" de l'entreprise qui permet d'établir le contact et le dialogue avec les clients.En poursuivant avec Claude Roy,"La communication est un processus verbal ou non par lequel on partage une information avec quelqu'un ou avec un groupe de manière que celui-ci comprennene ce qu'on lui dit .Parler, écouter, comprendre, réagir (...) constituent les différents moments de ce processus.Lacommunication,permet aux partenaires de se connaître,d'établir une relation entre eux.Cela peut entraîner des modifications d'attitudes et de comportements.>>

Pour FAO,"La communication est un processus dynamique au cours duquel un émetteur et un récepteur échangent des informations,des idées,des opinions,des sentiments ou des réactions.>>

À titre personnel,je conçois la communication comme le moyen par lequel on s'interagit verbalement ou gestuellement,mieux c'est la manière par laquelle,nous en tant que des êtres de facultés supérieures passe pour se faire connaître,se faire comprendre,puis s'entendre et se coorpérer à l'intermédiaire de différents moyens pour transcender nos insuffisances humaines.

À l'égard de toutes ces définitions donc,il semble bien évident que dans toutes les relations humaines,quelque soit le contexte dans lequel on se retrouve,on ne saurait s'en passer de ce merveilleux cadeau de la vie:LACOMMUNICATION.De plus,à la faveur d'une analyse réelle et sincère de ces différentes approches définitionnelles,nous comprenons plus aisément qu'il est de la plus haute importance,au besoin de réaliser nos projets de vie et de vivre une expérience proprement humaine,de nous investir sur cette faculté humaine,de l'accorder une si modeste et vertueuse place.

La communication,bien entendu,est plus sollicitée,dans tous les domaines des relations humaines,mieux encore dans ce grand voyage qu'est la vie .Alors ,si vous voulez vraiment vous bouger,atteindre vos objectifs de vie,mieux être au sommet de vos buts de vie,vous devez prendre un vogue élan consciencieux en bâtissant en quelque sorte une communication axée sur des justes et valables principes.Mais si vous êtes motivé à atteindre le sommet de vos buts de vie avec une piètre communication avec les autres,que vous avez un langage malsain, humiliant et défectueux envers vos collaborateurs et employés,je crois sincèrement que vous aurez beaucoup de difficultés à avancer.Avoir donc un langage très souvent modeste,une communication humble et respectueuse envers toute personne humaine est l'ultime clef qui,peu ou prou,puisse faire de vous un meilleur être humain pour la communauté humaine.Si vous êtes un chef d'entreprise par exemple,et que vraiment vous voulez gravir les échelons,il serait foncièrement important que vous ayez une communication bien efficace avec vos subordonnés afin de donner la chance à votre entreprise de connaître un succès phénoménal.Mais si vous accordez plus d'importance à vos intérêts que vos employés,vous finirez à vous faire du mal,mieux vous finirez à vous retrouver en bas de l'échelle.Par conséquent,s'engager à s'investir sur sa façon de communiquer davantage avec les membres de son entreprise lui fera connaître plus de succès que lenreste."chaque mot que vous prononcez annonce votre sagesse ou votre ignorance.Souvenez-vous avant de parler.La communication est la base pour s'entendre avec les autres.Il ya du pouvoir dans la parole (...)avoir tout compris.Les mots restrictifs tels que:jamais,seulement,rien, tout,tout le monde,personne et ne peut pas,doivent être éliminés à moins que vous ne soyez absolument certain qu'ils sont corrects."Napoléon Hill.

Prenons un minitieux recule et comprenons à quel point,il est bien utile d'accorder assez de soin à notre façon de parler aux autres,de communiquer avec le reste de la communauté.L'inconvénient que peut susciter un langage restrictif,démesuré,et humiliant est si évident qu'il ne faut certes pas en douter.

Tout au long de mon parcours,peu ou prou,j'ai connu pas mal de gens,de collègues,mieux des personnes qui m'étaient particulièrement proches qui ont eu à exprimer à mon égard des propos extravagants et ridiculisants au point où en une certaine manière cela a failli ôter mon estime de soi.Et,j'ai vite pris conscience à ce titre que je ne peux pas continuer à m'interagir avec ces gens-là.Des phrases telles que:"Tu ne donnes pas bénéfices,tu es un corbeau " peuvent complètement détruire vos relations avec les autres si toute fois vous êtes celui qui s'habitue à recourir à des expressions de pareil genre.Bien plus,j'ai pris vraiment conscience que la façon dont nous nous interagissons les uns envers les autres nous impacte tous significativement.Le discours de Mohamed Quahtani dans le cadre du discours d'éloquence organisé par Toast Master International nous fait comprendre de façon poussée la nécessité d'avoir un langage soigné et bien dirigé:"Les mots quand ils sont dits et articulés de la bonne façon peuvent changer l'opinion de quelqu'un.Ils peuvent altérer les convictions de quelqu'un.Vous avez le pouvoir d'amener quelqu'un du bas quartier de la vie,et faire de cette personne une personne à succès,ou détruire le bonheur de quelqu'un en utilisant seulement vos mots;un simple choix de mots peut faire une différence entre quelqu'un qui accepte ou refuse votre message."

Ainsi,je ne pense pas qu'il y ait une autre meilleure façon de s'engager efficacement avecles autres que de faire preuve d'une communication affective et balancée.Partisan quasi radicale de la communication affective,j'ose vraiment insister qu'il faut savoir quand il faut l'utiliser,et quand il ne le faut pas,car ily a des cas où recourir à une communication affective équivaut à une perte de temps et d'énergie."Les plus grands challenges et problèmes que nous rencontrons,ne se résolvent jamais par des conversations agréables."Apointé TimFerriss.Ça semble contradictoire cette approche mais,c'est la réalité.Donc l'usage de la communication affective doit être mesurée afin que vous puissiez s'en servir raisonnablement bien plus dans vos différentes interactions sociales.Par exemple si vous êtes pris dans une situation de malentendu,tâchez à surmonter votre égo afin de trouver un terrain d'entente mais jamais,ne vous laisser pas intimider,mais si vous avez tort acceptez-le dignement,et essayez d'ouvrir une nouvelle page pour votre relation.Si au contraire,il se trouve que c'est votre prochain qui a tort,n'essayez même pas d'émettre des propos verts envers sa personne;n'hésitez pas en fait de lui pardonner.

Prendre l'initiative d'entreprendre cette autre manière de communiquer que j'appelle autrement la communication proactive rend une meilleure communication interpersonnelle possible.La richesse qu'elle résulte si toutefois elle est soigneusement entreprise est si inestimable.

Chapitre 3 : La conscience expressive dans le cadre de la communication interactionnelle.

"La conscience n'est qu'un réseau de communication entre les hommes"F.Nietzsch

La conscience expressive ou encore mieux la communication en pleine conscience est,à mon humble avis, la solution à toutes les complications et failles inhérentes à la communication interpersonnelle.Lorsque,par exemple, vous menez une communication avec quelqu'un avec pleine conscience et dirigée ,peu importe,vous tirez tous les deux des avantages incommensurables.Chacun de son côté,de ce fait,cherchera au mieux de comprendre l'autre afin d'éviter d'éventuels malentendus.Très souvent,les problèmes que résultent nos différentes interactions sont dûs au fait que nous ne prenons pas la peine de travailler sur la façon dont nous allons réagir en faisant usage d notre conscience expressive.Et je crois que nous ne devons pas nous hasarder sur les bienfaits d'une communication basée sur la conscience expressive,si nous voulons vraiment être des meilleurs êtres sociaux.

De fait,quand je parle d'une communication basée sur une conscience expressive,vous n'avez pas à penser autre chosequ'une communication basée sur la non-violence.Et j'aurais bien voulu que toute personne humaine puisse s'impregner de cette autre philosophie si vraiment il veut faire de ces relations le tremplin de la concrétisation de ses ambitions et objectifs de vie.Et nous devons tous,ce faisant,comprendre que même si presque toutes nos relations sont tentées de malveillance,de sournoiserie,d'individualisme radicaliste,il est de notre responsabilité de faire de notre mieux pour créer un monde nouveau en s'inspirant d'une communication efficace et affective.Et tenez-vous bien compte que la qualité de votre communication avec vos partenaires,avec le sgens en général,détermine de même la qualité de vos relations.Donc mieux votre communication est bien nourrie,mieux vous serez à mesure de construire de meilleures relations.Mais bien malheureusement beaucoup d'entre nous courent derrière une communication défectueuse en pensant avec facilité qu'avec une telle communication ils seront à mesure d'être au bout des choses,de faire bouger les lignes.

Certes,si nous voulons vraiment être au sommet,il est plus qu'évident que nous devions prendre une implacable initiative en accordant une modeste place à notre façon de communiquer avec les autres.Et pour faire preuve d'une modeste communication dans nos différentes interactions,la pleine conscience doit être déployée judicieusement ,sinon ce serait qu'un gâchis de vouloir oser autrement.

Chapitre 4 : La communication non-violence

~~La communication non violente repose sur un langage qui renforce notre aptitude à conserver nos paix de coeur,même dans des conditions éprouvantes.Elles nous aide à reconsidérer la façon dont nous nous exprimons et attendons des autres.Les mots ne sont plus des réactions et automatiques,mais deviennent des réponses réfléchies émanant d'une prise de conscience de nos perceptions,de nos émotions et de nos désirs.Nous nous exprimons alors sincèrement et clairement,en portant sur l'autre un regard empreint der espect et d'empathie.~~MarshallRosenberg.

La communication non violente à proprement parler, si elle est bien conjuguée peut faire de vous un grand leader.Marshall Rosenberg,le grand théoricien de la communication,mieux de la communication non violente(CNV),nous explique et nous fait prendre connaissance dans son ouvrage intitulé"Les mots sont des fenêtres(ou des murs)l'inéluctable importance de la communication non violente dans cette école de lavie.Au pied de la lettre,la communication non violente ,en nous référant aux travaux de Monsieur Marshall,nous retenons quelques vertus fondamentales qui savamment utilisées ouvrent le chemin d'une authentique vie,une vie pleine de sagacité.Mais
avant d'entrer dans le vif du sujet,on pourrait s'autoriser à dire qu'elle devrait être institutionnalisée partout ailleurs afin de permettre la création d'un monde humain nouveau où on pourrait faire moins face aux interactions barbares et immodestes.Figurez-vous bien que le rôle clefs de la communication non violente c'est de développer un mode de communication qui favorise le respect de soi-même et des autres dans un cadre de coopération durable.En entreprise,par exemple,la communication non violente permet ainsi d'instaurer des relations stables et sereines .Par conséquent,si vous vous donnez la peine de vous inculquer cette autre communication,que vous vous familiarisez vraiment avec elled ans chaque chapitre de votre vie,vous ne vous inquiéteriez presque pas de comment vous faire des meilleures relations,mieux des amis(Comment se faire des amis de Dale Carnegie en aborde de façon approfondie.).Cela parce que,étant donné qu'elle est le coffre fort de toutes les relations humaines,elle prône d'excellentes vertus prometteuses.Et en voici quelques-unes :

1°) La communication non violente permet de mieux se connaître.Notons que l'un des problèmes majeurs qui objectent toutes les relations humaines,c'est le manque de connaissance de soi.Ainsi,on pourrait se permettre,en toute connaissance de cause,de dire que l'injonction socratique "Connais toi toi-même " est une parfaite illustration.Prônant une perspective non conventionnelle,cette autre sagesse socratique,lorsqu'elle est bien utilisée,permet de s'extirper de toutes sortes d'interactions tendues et compromettantes.Ici la communication non violente et "connais toi toi-même " ont pour point commun l'empathie.On ne peut pas,en fait,faire preuve d'empathie tant que nous ne prenons l'initiative d'ajuster la connaissance que nous avons de nous-mêmes.Cette autre expérience est bien soigneusement utilisée par beaucoup d'experts.Si donc vous voulez vraiment être le meilleur dans votre domaine,que vous êtes vraiment déterminé à atteindre l'excellence et à impacter de façon significative la vie des autres,arriver au bout de ce que vous représentez,vous devez vous engager complètement à vous investir en la communication non violente basée sur cette injonction philosophesque socratique"connais -toi-toi-même",l'architecte de toutes les meilleures interactions humaines.

2°) La communication non violente permet de développer ses softs-tills.Très souvent il nous arrive pour une raison quelconque de nous mettre en colère,d'avoir des interactions très tendues avec nos coéquipiers,à ce titre,recourir à la communication non violente nous permet bien plus de gérer de façon pacifique une telle situation étant donné qu'elle nous permet de cultiver un esprit proactif.

3°) La communication non violente accentue votre leadership,mieux elle permet d'accroître votre leadership.Si donc vous avez pris l'initiative d'être un vrai leader,et servir le reste du monde en plus de vous-même,il ne fait aucun doute que vous devez travailler sur votre façon de communiquer.Aucun leader digne de ce nom ne peut vraiment être considéré comme tel s'il ne fait pas effort de façonner sa façon de communiquer avec ses associés ou employés.

4°) La communication non violente ayant comme tremplin l'écoute,la bienveillance et le respect,permet d'assurer une bonne bonne ambiance au sein de l' entreprise;elle crée à proprement parler,un environnement de travail détendu et serein.Si par exemple,vous faites un bon usage de la communication non violente au sein de votre équipe,même si certains de vos collaborateurs se montrent réticents et réactifs,d'autres,au contraire,vont se présenter proactivement envers votre personne.Mais,de toute manière,il est de votre responsabilité de savoir comment gérer et s'entendre avec toutes ces personnes négatives et complaisantes sinon qu'autrement,vous feriez mieux de vous s'en débarrasser afin de vraiment faire avancer les choses.

05°) Vous pouvez mieux,avec la communication non violente être au bout des conflits.En principe,la majorité des difficultés que soulèvent bon nombre d'entreprises viennent d'une mauvaise communication entre ses membres.Et donc prendre juste l'initiative de faire passer votre message efficacement e construisant une communication proactive semble être plus prometteur pour votre grandeur future.

06°) La communication non violente,la voie incontournable de la connivence.Bien entendu,pour que vraiment vous puissiez profiter de vos relations,il faut sans conteste,instaurer un climat de bienveillance.Ne sous-estimez pas cette autre qualité si vraiment vous êtes engagé à faire avancer les choses dans vos différentes relations.C'est une vertu que toute personne devrait vraiment s'acquérir s'il veut vraiment servir et être un modèle pour le reste de la communauté sociétale.Tenez-vous bien que ce n'est pas facile d'être bienveillant toujours,car il y a des circonstances où la bienveillance n'a pas droit d'exister,mais si au moins,vous faites effort de communiquer bienveillament malgré tout,je crois que vous arriverez au bout des choses.

07°) Enfin,tenez-vous bien compte que la communication non violente,étant selon moi,le tremplin de toutes interactions humaines,permet certes d'exprimer son mécontentement sans porter atteinte à la décence de son prochain.

Chapitre 5 : Comment la communication affecte -elle notre vie au sein de la société et dans les affaires ?

~~Dans la vie,tout est communication,et c'est par la parole que l'homme se différencie des animaux,a le don de la communication verbale,et c'est par la qualité de ce qu'il dit qu'il exprime le mieux son individualité, l'essence même de son être.Lorsqu'il est incapable de dire clairement ce qu'il pense par émotivité,ou parce que ses idées sont floues,sa personnalité est limitée,effacéee et incomprise.~~Dorothy Carnegie.

"La satisfaction personnelle, professionnelle et sociale,rajoute-il ,dépend de l'aptitude de chacun à communiquer clairement à ses semblables ce qu'il est,ce qu'il désire et ce en quoi il croit."Partant de là,nous devons comprendre que la communication est vraiment l'élément clef qui détermine qui nous sommes en tant que des êtres humains à tous les niveaux.Peu importe donc ce que vous faites dans la vie ou voulez de la vie,vous ne serez au top que si seulement vous prenez l'initiative de travailler sur votre façon de communiquer avec le reste du monde.

Autrement,vous pouvez avoir toutes les expériences du monde,être bon dans ce que vous faites mais si vous ne faites pas l'effort de soigner votre manière de communiquer,de faire passer votre message aux autres, nulle part vous serez.Vous devez donc thermostatiser votre façon de communiquer,la façon dont vous faites passer votre message,autrement vous vous identifieriez au mécanisme entrepris par la guêpe."un singe mangeait une poire bien mûre quand une guêpe vient lui disputer sa part.Elle le menaça et se posa sur le fruit,mais le singe la chassa d'une pichenette.L'insecte en vint aux invectives,dans le langage le plus trivial qui soit.Le singe garda son calme.Finalement, hors d'elle,la guêpe se jeta à la face du singe et le piqua avec une rage tellequ'elle ne parvint pas à ressortir son dard et fut obligée de s'envoler en le laissant dans la plaie;ce qui entraîna sa mort au terme d'une longue et douloureuse agonie,bien pire que l'égratignure qu'elle avait infligée au singe "Jonathan Birch.Apprendre donc à adopter son langage aux différentes circonstances avec les gens semble être plus prometteur que l'inverse.Et je crois avec force que votre capacité à rester humble dans la façon de faire passer votre message dans toutes vos interactions avec les autres, détermine votre niveau de grandeur ou de votre manque de leadership .Maintenant,c'est à vous de voir comment vous allez réagir face aux différentes situations que vous rencontrez avec les autres pour qu'enfin de compte vous ne soyez pas vous-même votre propre ennemi.

De même, Docteur Maxwell Maltz dans son ouvrage magique,psychocybernetique,nous témoigne manifestement l'importance de la communication en ces termes:"Dans toutes les relations sociales,quelles qu'elles soient,nous recevons constamment d'autrui des informations de feedbacks négatifs:un sourire,un froncement de sourcils,des centaines d'indices subtils d'acquiescement ou de désaccord,d'intérêt ou de manque d'intérêt nous informent continuellement sur "la manière dont nous sommes en train d'agir;si nous arrivons à nous faire comprendre;si nous sommes en train de marquer ou de manquer le coup.Dans toutes les situations sociales une interaction permanente se produit entre la personne qui parle et celle qui écoute, entre l'acteur et le spectateur.Et sans cette COMMUNICATION constante,à double sens,les relations humaines et les activités sociales seraient virtuellement impossibles,sinon impossibles, très certainement lourdes,ennuyeuses,peu enthousiasmantes et comme mortes,sans aucune "étincelle"de vie."Et il poursuit en disant que"les bons acteurs et actrices,ainsi que les orateurs arrivent à sentir cette manifeste communication avec le public;les personnes dont on dit qu'elles ont "une bonne personnalité ",qui sont populaires et magnétiques en société,peuvent également sentir cette communication avec autrui et elles y réagissent et y répondent automatiquement et spontanément d'une manière créatrice."Alors,je dirais qu'il ne fait aucun doute que la communication occupe une place de choix dans la vie de l'homme,et que sans elle , honnêtement parlant,nous serions condamnés à ne vivre que comme tous des animaux.

Allons plus loin.Bien que vous pourriez très souvent, en interagissant avec une certaine communauté de personnes,parvenir facilement à les impacter avec notre vision de la vie à travers une communication explicite,vous devez vous disposer à être comme le Christ,à être un authentique adepte de la pensée métaphorique afin de pas les mettre sur la défensive à propos de vos convictions."Lorsque vous êtes confronté à la volonté intraitable d'autres personnes,une communication explicite ne fait généralement qu'augmenter leur résistance.Le Christ lui-même l'avait compris.Au contraire,entrez dans leur monde et vivez-y selon leurs règles,et vous les guiderez en douceur jusqu'à l'autre côté de ces miroirs."Robert Grèene.

Ainsi vous seriez exposé à des moments critiques,à des complications intenses avec vos associés,vos amis si vous voulez les appâter à adhérer les idéaux que vous jugez justes en faisant recours à un processus de forcing.Qu'on le veuille ou non,la vie de l'homme tourne autour de la communication,et ce serait une monumentale erreur que de l'ignorer ou de croire qu'on peut mener une vie vraiment accomplie en l'accordant une place de maigre importance.Et lorsque nous adoptons une attitude de complaisance vis-à-vis de la communication,il nous sera presque peu sûr de créer des relations humainement saines et impactantes.Prenez donc juste l'initiative de ne pas vous complaire avec votre façon de communiquer avec le monde .Mieux si vous voulez être un modèle,vous devez être impérativement apte à tenir un langage communicationnel qui se démarque de l'ordinaire.Et pour ainsi dire,vous devez choisir avec soin les mots à employer une fois que vous êtes en situation d'interaction avec les autres."Chaque mot que vous prononcez peut construire ou détruire.Avant de prononcer un mot, demandons-nous si ce mot va servir à construire ou à détruire?La bonne communication reste une cléf fondamentale dans la construction de toutes choses durables."BoukariAliSoumani.

En toute humilité,je voudrais laisser surgir une autre question à laquelle je me souscrit authentiquement mais ,dans le souci de ne pas escamoter la réflexion que nous avions tenue ensemble de haut jusqu'ici,je ne peux m'agréer de mettre à terme ce chapitre sans pour autant me donner la peine de déterminer le comment"la communication-relation"est promue et appliquée dans nos différentes sociétés et communautés scrupuleusement parlant.Comme vous et moi sommes convaincus que la communication et les relations humaines sont intimement liées-et qu'il est presque inadmissible de vouloir être un des meilleurs êtres humains qui contribuent au progrès de la communauté humaine tant que nous ne prenons pas vraiment la peine de nous investir là-dessus,alors, accorder une réflexion encore plus poussée sur ce mécanisme(communication-relations humaines)serait bien plus utile.

Dans ce grand voyage de la vie,l'une des plus grandes valeurs qu'un être humain puisse incarner pour vivre une expérience,je l'insiste, authentiquement humaine,c'est celle qui mieux donne une libre place à la communication et aux relations humaines basées sur des principes et valeurs qui transcendent le non-sens,la complaisance, l'insolence,l'apathie.Mais tout commence , tenez-vous bien,avec la personne que vous voulez devenir et être dans cette vie si l'on sait bien tous que"la communication est le ciment de toute relation saine et durable.Et que c'est à travers elle que la vie prend tout son sens."

La communication et les interactions humaines non seulement,à mon sens,pourraient être considérée comme panacée ,dans le cadre des crises que connaissent nos différentes sociétés.Et de même,il n'est pas moins évident que son usage peut dans bien des cas contribuer au changement presque radical d'un nombre important d'entreprises, d'institutions,d'associations et groupements.Voici ,à ce titre,une panoplie de questions que j'aurais aimé vous poser en tant que chef d'entreprises si dans une certaine mesure votre entreprise connait un dysfonctionnement professionnel :

1°) À quel niveau êtes-vous en relation avec vos employés ?

2°) Vos différentes interactions avec vos ouvriers sont-elles basées sur des justes principes ou bien vous ne vous accordez certainement pas un moindre degré d'attention à cela?

3°) Quel genre de communication,à juste titre,est encouragée au sein de votre entreprise.

Après une observation minutieuse,je suis parvenu à faire un constat qu'un e des raisons qui maintiennent nombre de sociétés,de communautés, d'entreprise,de familles,dans des ambarras intestins et confus,c'est le fait qu'ils ne prennent pas le temps d'examiner de près les valeurs et principes sur lesquels se reposent leurs interactions.Warren Buffet,le grand investisseur de tous les temps disait que si vous apprenez juste à mieux communiquer à la foi à l'écrit et à l'oral,vous aurez vos valeurs plus de 50%;vous serez capable de transmettre vos idées.Et si vous investissez en vous-mêmes,nul ne pourra vous l'enlever."

Pour finir,je me tiens honnêtement à vous dire qu'il n'y a rien de si décevant et aberrant dans le monde dans lequel nous sommes que de formuler un refus même minime soit-il de développer ou de prendre soin de ses aptitudes de communiquer et de créer des relations significatives avec les autres.Prenez juste un recul méticuleux sans peine vous vous rendrez modestement compte que sans ces aptitudes l'espèce humaine ne serait ,à proprement parler ,réduite qu'à une absolue animosité,à un nihilisme bien plus subtil.

"Rappelez-vous, soutient Wallace D.Wattles,que le ton de votre voix transmet souvent plus précisément ce qui est dans votre esprit que vos mots.Dans un moment de conflit,une suggestion ou un compromis peut sauver une relation de travail menacée.Un employé découragé peut à nouveau être motivé à travers quelques mots soigneusement choisis.Dans une situation comme celle-ci,un bon gestionnaire regarde au-delà d'une situation immédiate et agit pour préserver un avantage futur.Mais si votre voix trahit propre colère,peur ou désespoir,cette émotion,et non la sagesse que vous offrez,sera ce que les autres se souviendront.Ceux qui s'élèvent au sommet sont ceux qui ont appris à contrôler leurs émotions.Lorsque ,par exemple,vous avez un poste de leadership,les autres vous surveillent de près pour les signaux que vous envoyez.Vous devez donc apprendre à vous gérer vous-mêmes,et toutes les façons dont vous transmettez des messages aux autres,si vous voulez les inspirer et démontrer que vous vous souciez de tous les membres de votre équipe."C'est pourquoi d'ailleurs,ceux qui manifestent,en tant que leaders,chefs d'entreprises, patrons ou autre,un caractère de leadership médiocre en relation et surtout en communication finissent à être en bas de l "échelle de la grandeur humaine.

Références bibliographiques

Antoine de Saint Exupéry (Terre des hommes 1938).

Confucius (551 -479 Av J-C) ; Hommes d'État et philosophe chinois.

Ali Ibn Abi Talib (600-661 Ap J-C); LES PERLES MÉCONNUES.

Napoléon Hill (Réfléchissez et devenez riche ;The Napoléon Hill Foundation; Napoléonhill@uwise.edu;naphill.org).

Mark Zuckerberg (Discours à l'université de Harvard, Jeudi le 25 mai 2017)

William Shakespeare (Hamlet, pièce de théâtre).

L' amiral William M.MCRAVEN (Si tu veux changer ta vie , commence par faire ton lit).

Claude Roy,FAO(MEMOIRE Online).

DOCTEUR Maxwell Maltz,10 mai 1899- 07 avril 1975 (Psycho-cybernétique,1960).

Robert Grèene (Les 48 lois du pouvoir,loi 39 page 327).

Jonathan Birch(1783-1847, Fables).

Wallace D waltles 1860-1911(La science de l'enrichissement,1910 ou The science of Getting Rich at wikisource)

Printed by Books on Demand GmbH, Norderstedt / Germany